인성의 기초를 다지는 감정 교과서

2

기쁨

채인선 글 | 조은영 그림

한권의책

차례

1단계 감정 느끼기
기쁨이 쓰는 편지 • 4

2단계 감정 알기
난 지금 기뻐 • 16

3단계 감정 나누기
기쁠 때 난 이렇게 해 • 28

4단계 감정 연습
기쁨아, 어서 와 • 40

부모님·선생님 보세요 • 50

1단계 감정 느끼기

기쁨이 쓰는 편지

9월 25일 월요일

아빠 아빠, 할 얘기가 있어요. 제가 우리 선생님 참 이상하다고 그랬잖아요? 그런데 오늘 선생님께서 진짜 이상한 말씀을 하셨어요. 우리에게 기쁨이 모자란다며 일주일 동안 한 사람씩 '기쁨'이 되어 보자는 거예요.

"기쁨이라뇨?"

아이들이 놀라 눈을 동그랗게 뜨자 선생님께서 설명하셨어요.

"자기가 해나 달, 별이 되었다고 상상해 봐. 만약 별이 되었다면 사람들은 별을 쳐다보면서 '저기 별이 있네.' '별빛이 참 아름다워.' 혹은 '반짝반짝 빛이 나.' 하고 말하지 않겠니?
누가 기쁨이 된다면 사람들은 이렇게 말할 거야.
'저기 기쁨이 있네.' '기쁨이 돌아다니니 보기만 해도 기뻐.'
'기쁨이 있으니까 반짝반짝 빛이 나.' 하고.
이런 말을 듣게끔 하면 돼."

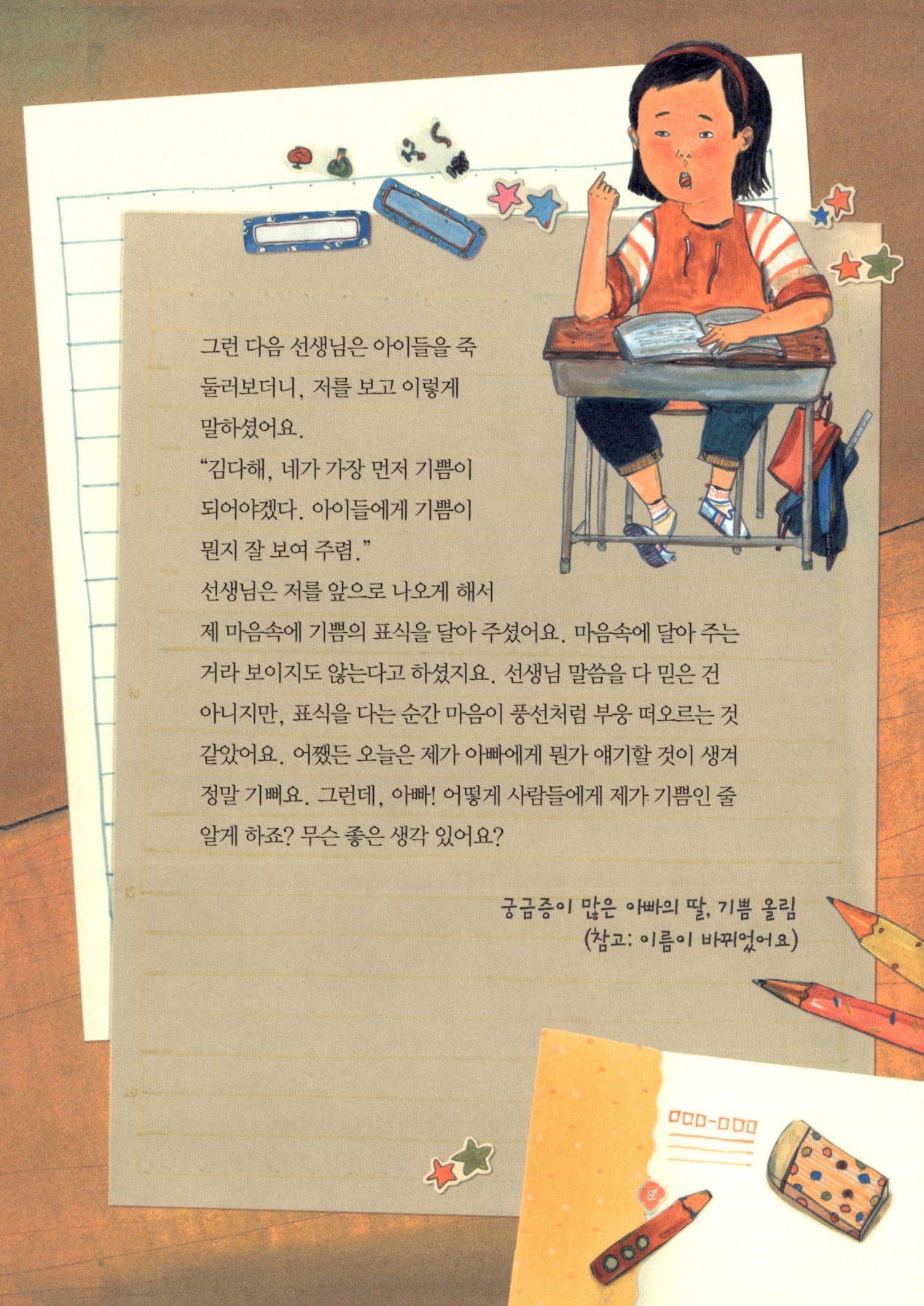

그런 다음 선생님은 아이들을 죽 둘러보더니, 저를 보고 이렇게 말하셨어요.
"김다해, 네가 가장 먼저 기쁨이 되어야겠다. 아이들에게 기쁨이 뭔지 잘 보여 주렴."
선생님은 저를 앞으로 나오게 해서 제 마음속에 기쁨의 표식을 달아 주셨어요. 마음속에 달아 주는 거라 보이지도 않는다고 하셨지요. 선생님 말씀을 다 믿은 건 아니지만, 표식을 다는 순간 마음이 풍선처럼 부웅 떠오르는 것 같았어요. 어쨌든 오늘은 제가 아빠에게 뭔가 얘기할 것이 생겨 정말 기뻐요. 그런데, 아빠! 어떻게 사람들에게 제가 기쁨인 줄 알게 하죠? 무슨 좋은 생각 있어요?

궁금증이 많은 아빠의 딸, 기쁨 올림
(참고: 이름이 바뀌었어요)

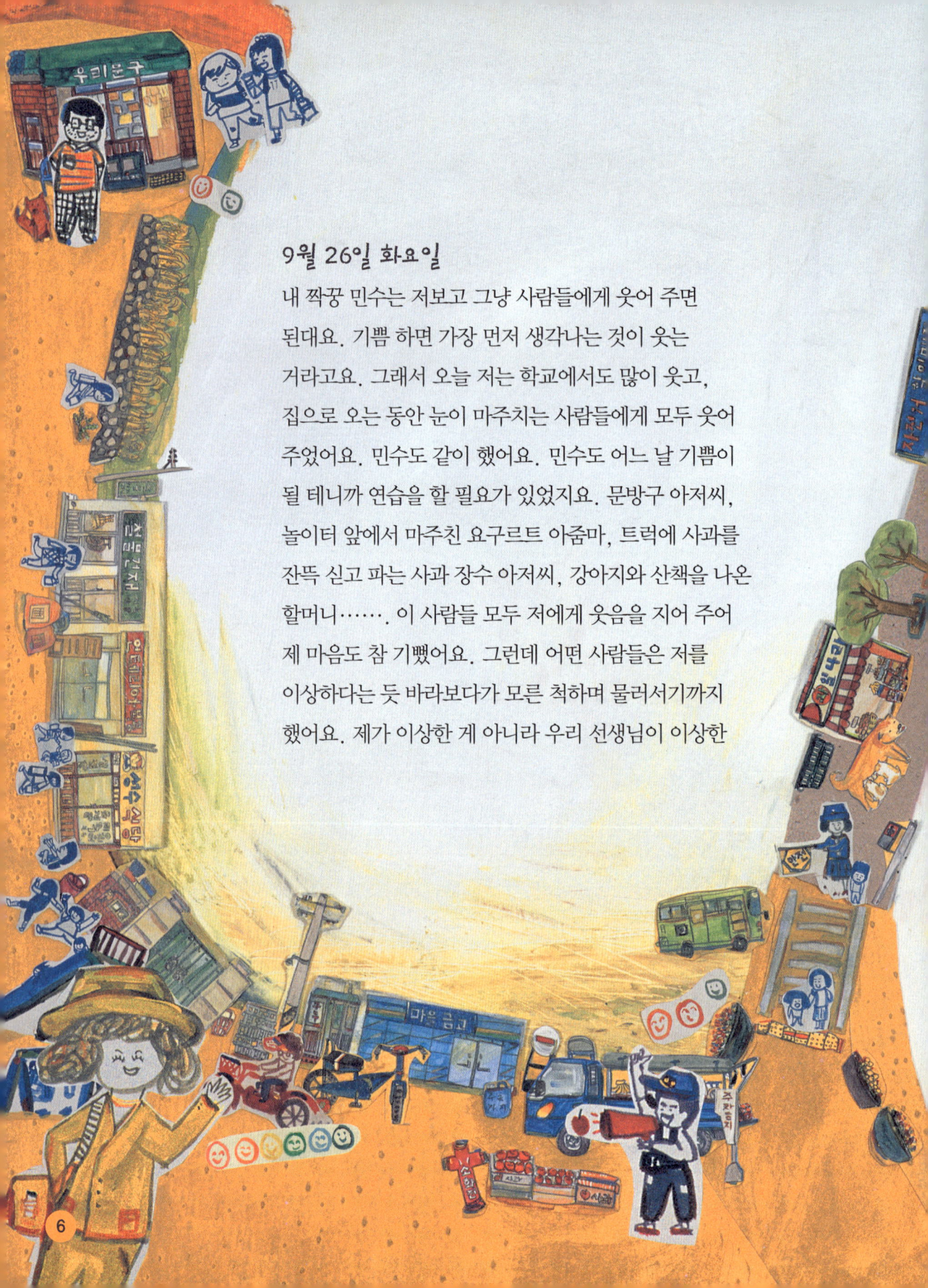

9월 26일 화요일

내 짝꿍 민수는 저보고 그냥 사람들에게 웃어 주면 된대요. 기쁨 하면 가장 먼저 생각나는 것이 웃는 거라고요. 그래서 오늘 저는 학교에서도 많이 웃고, 집으로 오는 동안 눈이 마주치는 사람들에게 모두 웃어 주었어요. 민수도 같이 했어요. 민수도 어느 날 기쁨이 될 테니까 연습을 할 필요가 있었지요. 문방구 아저씨, 놀이터 앞에서 마주친 요구르트 아줌마, 트럭에 사과를 잔뜩 싣고 파는 사과 장수 아저씨, 강아지와 산책을 나온 할머니……. 이 사람들 모두 저에게 웃음을 지어 주어 제 마음도 참 기뻤어요. 그런데 어떤 사람들은 저를 이상하다는 듯 바라보다가 모른 척하며 물러서기까지 했어요. 제가 이상한 게 아니라 우리 선생님이 이상한

건데도요. 그런데 아빠, 사람들은 기쁨이 돌아다니는데도 왜 알아보지 못할까요? 선생님은 절대로 저 자신이 누구인지 먼저 말하면 안 된다고 하셨어요. 하늘의 해와 달과 별이 이름표를 안 달고 있는 것과 마찬가지라고요. 기쁨은 스스로 뽐내는 것이 아니라 사람들이 알아보는 거래요. 얼른 사람들이 저를 알아보았으면 좋겠어요. 저도 이제부터 해와 달, 별을 자주 올려다볼 생각이에요. 알아봐 줘야 하니까요. 내일은 또 어떤 날이 될까요?

두근거리며 내일을 기다리는 기쁨 올림

9월 27일 수요일

오늘 학교에서 사건이 많이 생겼어요. 아침 첫 시간에 승민이가 없어져서, 선생님이랑 우리들은 승민이를 찾느라 한바탕 난리를 쳤지요. 승민이는 학교 앞 문방구에서 오락을 하고 있었어요. 선생님이 승민이를 자리에 앉히고는 "이제 더 이상 다른 일이 없으면 좋겠다."며 돌아서는데, 동규가 선생님 몰래 공을 갖고 장난치다가 교실 벽시계가 와장창! 아이들이 놀라 비명을 질렀어요. 이 일이 정리되자 곧 점심시간이 되었어요. 점심시간에는 성준이가 급식을 받다가 국을 엎지른 일밖에 없었어요. 진짜 큰일은 점심시간이 끝난 다음에 벌어졌는데, 효주가 갑자기 배가 아프다고 대굴대굴 구르는 거예요. 결국 효주는 119 구조대에 실려 갔어요. 도대체 무슨 일일까요? 종례 시간에 선생님은 "정말 오늘처럼 힘들고 우울한 날도

없을 거야." 하며 한숨을 내쉬었어요. 아이들도 똑같은 표정이었죠. 그래서 제가 교실 앞으로 나가 이런 노래를 불렀어요.
"날 좀 보소. 날 좀 보소. 날 좀 보소~오."
그러자 선생님과 아이들이 웃음을 터트렸고, 우리는 가벼운 마음으로 책가방을 꾸릴 수 있었어요. 교실 문을 나서는데 선생님과 아이들이 "기쁨아, 고마워!" 하고 손을 흔들어 주었어요. 휴! 얘기만 하는 데도 숨이 차네요. 아빠, 하지만 이런 일들이 기쁨(저요, 저!)이 우리 곁에 있을 때 생겨 다행이에요. 아빠도 그렇게 생각하시죠?

기쁨이 왜 중요한지 알 것 같은 기쁨 올림

9월 28일 목요일

아빠, 효주는 어제 바로 수술을 했어요. 급성 맹장염이래요. 오늘 학교 끝나고 아이들이랑 문병을 가서, 제가 기쁨의 춤과 노래를 선물했죠. 효주도 좋아했어요. 문병을 마치고 친구들과 집으로 오자 엄마가 말씀하셨어요. 좋은 소식과 나쁜 소식, 두 가지 소식을 전할 게 있다고요. 저는 나쁜 소식을 먼저 말해 달라고 했어요.

"나쁜 소식은 말이야, 아빠가 이번 주에도 일이 바빠서 못 오신다는 거야."

그건 정말 나쁜 소식이었어요. 아빠가 오기를 무척이나 고대하고 있었거든요. 저는 울음이 나오지 않게 하려고 이를 악물었어요. 아이들이 그런 나를 위로해 주려 하는데 엄마가 아직 한 가지 소식이 남아 있지 않느냐며 이렇게 말했어요.

"내일, 학교 끝나자마자 우리가 아빠가 계신 부산으로 내려간단다. 이건 비행기 표야."
엄마는 내 눈 앞에 비행기 표 두 장을 흔들었어요.
"야호! 야호!"
아이들과 저는 기뻐 난리가 났어요. 정말 기쁨은 늘 가까이 있는 것 같아요.

아빠가 보고 싶은 기쁨 올림

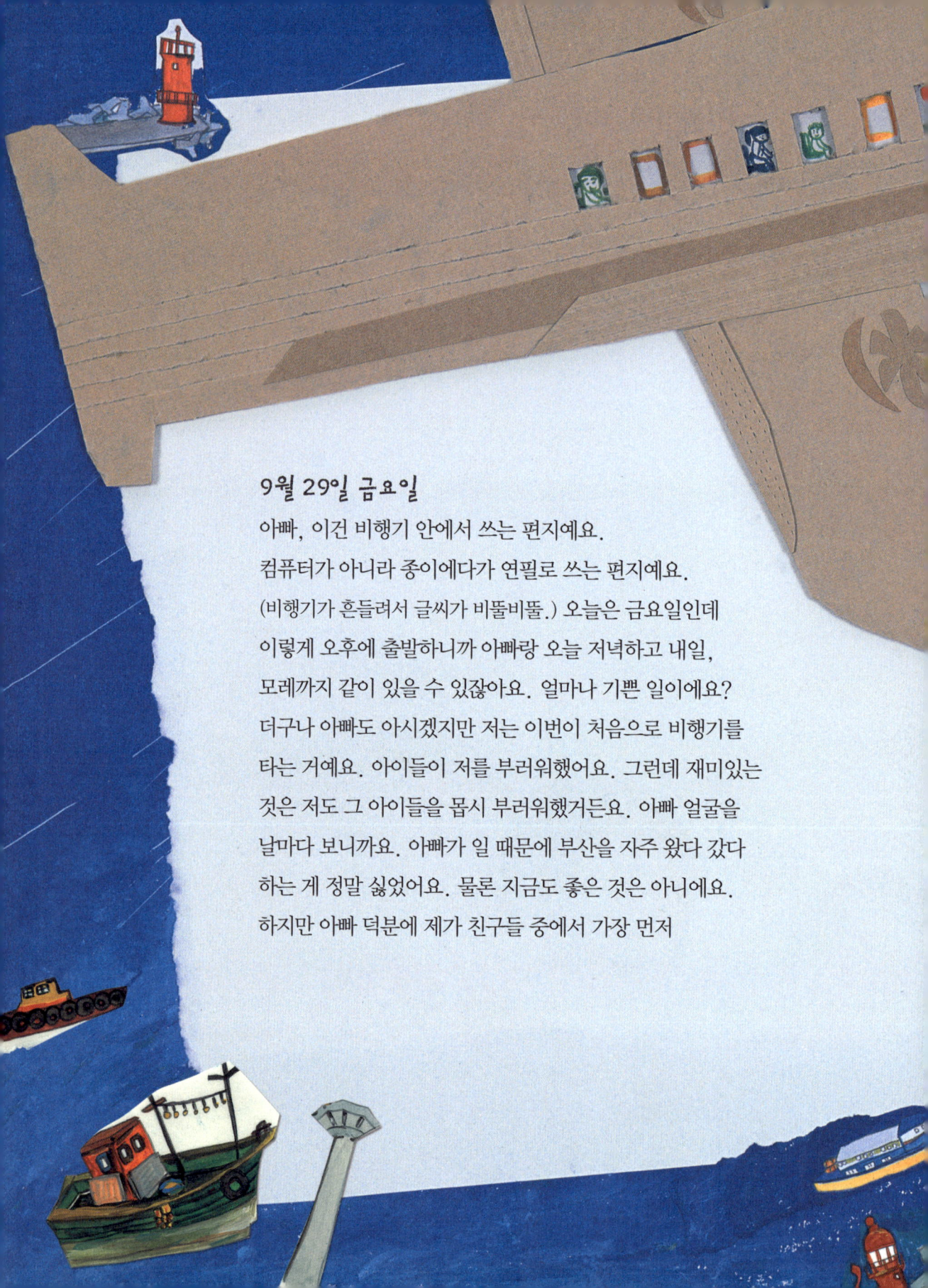

9월 29일 금요일

아빠, 이건 비행기 안에서 쓰는 편지예요.
컴퓨터가 아니라 종이에다가 연필로 쓰는 편지예요.
(비행기가 흔들려서 글씨가 비뚤비뚤.) 오늘은 금요일인데
이렇게 오후에 출발하니까 아빠랑 오늘 저녁하고 내일,
모레까지 같이 있을 수 있잖아요. 얼마나 기쁜 일이에요?
더구나 아빠도 아시겠지만 저는 이번이 처음으로 비행기를
타는 거예요. 아이들이 저를 부러워했어요. 그런데 재미있는
것은 저도 그 아이들을 몹시 부러워했거든요. 아빠 얼굴을
날마다 보니까요. 아빠가 일 때문에 부산을 자주 왔다 갔다
하는 게 정말 싫었어요. 물론 지금도 좋은 것은 아니에요.
하지만 아빠 덕분에 제가 친구들 중에서 가장 먼저

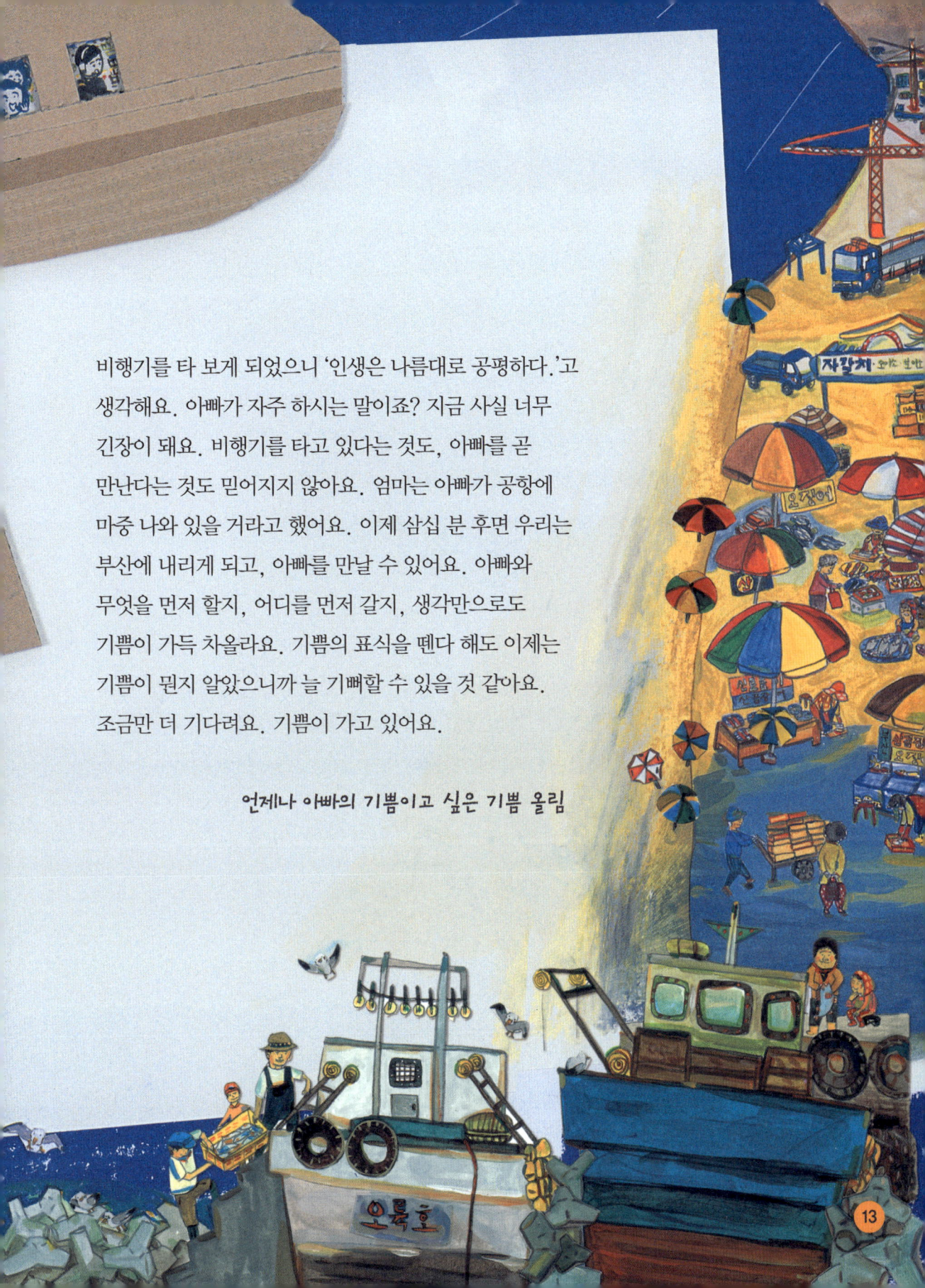

비행기를 타 보게 되었으니 '인생은 나름대로 공평하다.'고 생각해요. 아빠가 자주 하시는 말이죠? 지금 사실 너무 긴장이 돼요. 비행기를 타고 있다는 것도, 아빠를 곧 만난다는 것도 믿어지지 않아요. 엄마는 아빠가 공항에 마중 나와 있을 거라고 했어요. 이제 삼십 분 후면 우리는 부산에 내리게 되고, 아빠를 만날 수 있어요. 아빠와 무엇을 먼저 할지, 어디를 먼저 갈지, 생각만으로도 기쁨이 가득 차올라요. 기쁨의 표식을 뗀다 해도 이제는 기쁨이 뭔지 알았으니까 늘 기뻐할 수 있을 것 같아요. 조금만 더 기다려요. 기쁨이 가고 있어요.

언제나 아빠의 기쁨이고 싶은 기쁨 올림

2단계 감정 알기

난 지금 기뻐

기쁠 때는 발에 엔진을 달고
피웅피웅 공중으로
솟구치는 기분이야.
몸이 하늘로 붕 뜨는 느낌이지.

내가 기뻤을 때는 형이 혼자
놀러 나가지 않고 나를 기다려 줄 때였어.

아버지가 일찍 집에 들어오시면
정말 기뻐. 기분이 날아갈 듯해.

내가 늘 갖고 싶었던 것을
생일 선물로 받았을 때 기뻤어.

이거 신고 얼른
얼른 축구하러 가야지!

기쁨은 참 좋은 감정이에요.

기쁨을 느끼게 하는 것은 사람마다 다르지만, 어느 기쁨이나 기쁨은 다 좋은 거예요.
기쁨은 우리를 웃게 하고 마음을 들뜨게 하고 기운을 내게 하고 희망을 주니까요.
햇빛 없는 세상을 상상할 수 없듯이 기쁨 없는 세상은 이미 죽어버린 세상입니다.
그러나 흐린 날이 있는 것처럼 우리는 늘 기쁨하고만 같이 살 수는 없어요. 365일 늘
기쁘기만 하면 우리는 기쁨을 제대로 맛볼 수 없고 기쁨을 기쁨이라 할 수도 없겠지요.
기쁨이 잠깐잠깐 나타나 우리를 즐겁게 하는 것도 이 때문일 거예요.

친구에게 '다시 친하게 지내자.'는
편지를 건네받는다면 기쁘겠지.

뒤에서.

내가 공들여 돌본 텃밭에서 시금치랑 상추랑 토마토,
파가 쑥쑥 자라는 것을 보면 정말 기쁘단다.

할머니를 도와드리면 착하다고
칭찬하셔. 그럴 때 정말 기뻐.

뒤에서.

야! 내가 보낸 거라고
말하지 마.

보조 바퀴 없이 처음으로
자전거를 탔을 때만큼
기뻤던 적은 없어.

다리에 깁스를 하고 있던 형이
다 나아 맨다리로
내게 걸어올 때 기뻤지.

기쁨이 내 곁에 있는지 주위를 둘러보세요.

갑작스레 선물을 받게 되는 것처럼 기쁨이 느닷없이 하늘에서 툭 떨어지기도 합니다. 하지만 이런 일들이 흔하지는 않아요. 방금 읽은 책에, 친구의 전화벨 소리에, 엄마가 해 주시는 따끈한 저녁밥 속에도 기쁨이 있겠지요. 보람 있는 일을 해냈을 때도 우리 마음은 기쁨으로 환해집니다. 세상은 이렇게 기쁨으로 가득 차 있답니다. 기쁨이 하나도 없는 것처럼 보일 때조차도 기쁨은 바로 우리 곁에 있습니다.

우리 집에서 읽은 책을 도서관에서
다시 보았을 때, 그때도 정말 기뻐.

선생님이 나를
조용히 인정해 주실 때
참 기뻤어.

이 화분에 물 주는 사람이 너라는 것을 알아.
덕분에 콩이 잘 자라고 있구나.

고맙다, 꼬마!

제가 눌러 드릴게요.

내가 누군가에게
도움이 된다는 걸
알았을 때
정말 기뻤어.

가장 소중한 기쁨은 자기 자신에 대한 만족감이에요.

여러 가지 기쁨 가운데서도 가장 소중한 기쁨은 내가 나 자신을 기쁘게 했을 때예요. 잘 안 풀리는 수학 문제를 여러 번 다시 풀어서 답이 맞았을 때 정말 기쁘지요. 힘든 것을 참고 한 발 한 발 내딛어 산꼭대기에 닿았을 때도 무척 기쁘죠. 그럴 때 느끼는 기쁨은 다른 어떤 기쁨보다 더 오래도록 기억에 남고 용기를 줍니다. 이런 기쁨을 많이 경험하기 위해서는 어려운 일이나 처음 해 보는 일을 두려워하지 말아야 해요. 무슨 일이든 생각보다 힘들지는 않아요. 마음이 두려움을 만드는 거예요.

처음 나무판자를 깨던 날
난 정말 기쁘고 감격스러웠지.
난 내가 영영 이런 것을
못할 줄 알았거든.

이야앗!

체육대회 이어달리기에서 우리 반이 우승했을 때 정말 기뻤어. 반 아이들이랑 서로 얼싸안고 눈물을 흘리고 난리를 쳤어.

기쁠 때는 소리를 지르고 싶어. 가슴이 쿵쿵 뛰고 얼굴이 벌겋게 달아오르지.

오해를 풀게 되었을 때
친구의 진심을 알았을 때
정말 기뻤어.

그때 너를 못 본 체한 건
내가 급히 화장실로
뛰어가는 중이어서야.
정말 급했어.

아, 그랬구나.
난 네가 나를
일부러
피하는 줄 알았지.

바다에 가면 정말 기쁠 거야.
수영도 하고 해변에서 모래성도 쌓고.
생각만 해도 기분이 좋아.

기쁨을 내보일 때는 남의 기분을 먼저 살피세요.

농사짓는 사람들에게는 비가 오면 좋지만 소풍을 가기로 한 사람은 비가 오면 소풍을 망치게 됩니다. 이렇게 나의 기쁨이 모두의 기쁨이 되는 것은 아니에요. 때로는 나의 기쁨이 남에게 상처가 될 수 있다는 것을 알아 두세요. 그러므로 남에게 자기의 기쁨을 말해 줄 때는 그 사람의 기분을 먼저 살펴야 해요. 우리가 기쁨을 남에게 말하는 것은 자기 기쁨을 자랑하려는 게 아니에요.
기쁜 마음을 남과 함께 나누려는 것이지요.

3단계 감정 나누기

기쁠 때 난 이렇게 해

바둑아, 이리 와 봐!
내가 시원하게 빗겨 줄게.

기쁠 때 난
아무에게나 가서
뭔가를 해.
기쁘게 해 주는 거야.

우체부 아저씨,
편지 고마워요.
수고하세요.

마음의 기쁨은 몸을 기쁘게 합니다.

마음만큼 몸도 기뻐 웃고 싶어 합니다. 크게 환호성을 지르고 싶고, 턱이 빠질 만큼 웃고 싶고, 달리는 말처럼 마구 달음박질도 하고 싶습니다. 몸도 기쁨을 좋아한답니다. 큰 소리로 한번 웃는 것은 몇 킬로미터를 달린 것만큼 몸의 건강에 아주 좋습니다. 몸과 마음이 따로 떨어져 있지 않다는 것이지요. 그래서 마음이 슬프면 몸도 무겁고 기운도 없어요. 마음의 기쁨을 찾아 몸을 기쁘게 해 보아요.

기쁠 때 나는 웃고 있는
내 얼굴을 감상해. 얼마나 멋지고
예쁜지 혼자 보기 아까워.

사진 찍어 줄까?

악당들아, 덤벼라!
내가 해치워 줄게.

기쁠 때는 내가 슈퍼맨이 된 것 같아.
무슨 일이든 다 할 수 있을 것처럼
자신감이 넘쳐.

기쁜 일이 생기면 나는 아무에게도 말하지 않고 나 혼자 기쁨을 즐겨. 충분히 즐긴 다음에 다른 사람에게 말해.

이번에 미술상 받은 거 비밀이야. 알겠지?

이건 내 기쁨 저금통이야. 기쁜 일이 생기면 쪽지에 적어 여기에다 넣어 둬. 심심할 때 하나씩 꺼내 보면 마음이 즐거워져.

언제든 기쁨을 느낄 준비를 해요.

가족들이랑 바닷가에 놀러 갔다고 생각해 봐요. 누나랑 엄마, 아빠 모두 바닷물에 첨벙첨벙 뛰어들어 재미나게 노는데 나 혼자만 어젯밤 누나랑 싸운 것 때문에 토라져 있으면, 기쁨이 오려다가도 무서워 가 버립니다. 게다가 바다가 주는 즐거움도 즐기지 못하니 그 때문에 또 다른 슬픔과 분노가 생겨날 수도 있겠지요. 일부러 그럴 필요는 없어요. 어제의 슬픔과 분노, 미움과 걱정은 툭툭 털고 언제든 기쁨이 들어올 수 있도록 마음을 열어 두세요.

기쁠 때는 하기 싫어서
미루어 두었던 일을 해.
그러면 그 일도
재미있어져.

하하!
누렁이가 가만히
앉아 있네.
기분 좋은가 봐.

기쁜 일이 있으면
나는 가장 먼저 엄마한테 말해.
엄마가 기뻐하는 걸 보면
내 기쁨이 더 커지는 것 같아.

세상이 새롭게 보일 때가 있어.
하늘은 더 파랗고 흰 구름이 둥실둥실.
이럴 때 나는 속으로 이렇게 외쳐.
"기쁨아, 어서 와!"

기쁨을 자기 발로 찾아 나서는 사람도 있어요.

기쁨이 하늘에서 떨어지기를 바라기보다는 직접 찾아 나서는 게 현명하다고 생각하는 사람들이 있어요. 어디에서 찾느냐고요? 자기가 정말 하고 싶은 일을, 오래전부터 하고 싶었던 일을 찾아 하는 것입니다. 어느 할아버지는 예순이 넘어 그림을 시작하셨어요. 또 어느 치과 선생님은 일요일마다 사람들을 무료로 치료해 주세요. 그 일이 가장 즐겁고 기쁜 일이라고 생각하는 거예요. 여러분도 자기를 기쁘게 하는 일이 무엇인지 잘 찾아보세요.

기쁜 일이 생기면
나는 모두에게 발표를 해.
어떤 기쁜 일이 있는지.

퀴즈 경품에 당첨되어 문화상품권을 받았거든.
같이 영화 보러 갈래? 우리 모두 다 갈 수 있어.

기쁨을 아는 사람이 행복한 사람이에요.

기쁨을 모르고서는 행복한 사람이 될 수 없어요. 어떤 일로 행복을 느끼든 행복은 마음속이 기쁨으로 환해지는 것이에요. 마음에 기쁨이 넘쳐 나 거기에 둥둥 떠다니는 기분이 드는 것이 행복이에요. 여러분은 여러분 자신에 대해 책임이 있어요. 자기 자신을 기쁘게 하고 행복하게 할 책임이지요. 여러분과 가까이 지내는 사람들에게 그 기쁨과 행복을 나누어 주세요.

기쁠 때는 그 **기쁨**을 마음껏 즐겨!
하나도 남김 없이 실컷 들이마셔!

4단계 감정 연습

기쁨아, 어서 와

기쁜 모습을 그려 봐.

 아래 빈 말풍선을 채워 보세요.

'기쁨이 쓰는 편지'를 읽고 생각해 보아요.

1. 선생님이 반 아이들에게 기쁨을 어떻게 설명하셨나요?

2. 자신이 기쁨인지 알려 주기 위해 다해는 처음에 어떻게 했나요?

3. 다해가 스스로 기쁨을 느끼게 된 것은 어떤 일 때문인가요?

4. 기쁨의 표식은 과연 어떻게 생겼을까요?
   자기가 생각하는 기쁨의 표식을 그려 보세요.

나만의 기쁨은?

1. 나는 어떨 때 기쁘죠?

나는

　　나는

나는

2. 기쁠 때 나는 무엇을 하나요?

기쁠 때 나는

　　기쁠 때 나는

기쁠 때 나는

감정을 표현하는 낱말들이에요. 읽어 볼까요?

두려워요   끔찍해요   가슴이 답답해요

후련해요   당황스러워요   귀찮아요

등이 오싹해요   눈물이 나요   아찔해요

뿌듯해요   통쾌해요   부끄러워요

만족스러워요   화나요   신 나요

실망스러워요   뜨끔해요   슬퍼요

미안해요   마음이 아파요   울적해요

행복해요   미워요   기분이 좋아요

속상해요   고마워요   떨려요

1. 왼쪽 낱말에서 기쁨의 낱말을 찾아 나만의 표시를 해 보아요.

2. 여러분은 이럴 때 어떤 감정을 느끼나요? 왼쪽 낱말들에서 찾아보세요.

　　놀이 공원에서 잃어버렸던 가족을 찾았을 때

　　--

　　길에서 우연히 천 원짜리 한 장을 발견했을 때

　　--

　　동생은 집에 두고 아빠와 단둘이 영화 보러 갈 때

　　--

3. 다해 아빠가 답장을 쓰셨네요. 그런데 군데군데 빈자리가 있어요. 우리가 다시 채워 줄까요?

다해에게

네가 학교에서 맨 처음 기쁨으로 뽑혔다니 그 소식만으로도
아빠는 _____ .
사람들이 너를 알아보지 못하더라도 너무 _____ 하지 마라.
지금 못 알아봐도 나중에 지나고 나면 너를 _____ 할 거야.
나도 네가 기쁨인 줄 모르고 있었지. 지금이라도 알게 되어
얼마나 _____ (한)지 몰라. 선생님께 전해 드리렴.
아빠가 _____ 한다는 것을.

　　　　　　　　　　　　　너에게도 기쁨이고 싶은 아빠로부터

노래를 부르고 느낀 감정을 그림으로 표현해 보아요.

☀ 사람들에게 기쁨의 얼굴을 그려 주어요.
어서 기뻐하고 싶대요.

부모님·선생님 보세요

아이들은 특별히 힘든 상황에 처해 있지 않다면 그 자체로 기쁨 덩어리입니다. 우리 어른들이 아이들을 좋아하고 가까이 하고 싶은 까닭이 바로 이 때문이죠. 하지만 어릴 적에 웃음이 많던 아이들도 삶의 크고 작은 기쁨에 대해 무감각한 어른으로 성장하는 것을 보면 안타까운 일입니다. 기쁨을 아는 아이로 키우려면 어떻게 해야 할까요?

아이들이 발견한 기쁨을 함께 기뻐해 주세요.

아이들은 자연과 일상에 대해서 경이와 찬탄의 눈을 지니고 있습니다. 그래서 길을 가다가 처음 본 꽃에 즐거워하고 벌레가 움직이는 것을 시간 가는 줄 모르고 들여다보기도 합니다. 학교에서 집으로 오는 길에 송충이를 잡아와 예쁘다고 엄마에게 내미는 것이 아이들입니다. 이럴 때는 아이들의 기쁨을 무시하지 말고 함께 기뻐해 주세요.

아이들이 몸으로 기쁨을 표현할 수 있도록 해 주세요.

아이들이 허튼 행동이나 우스갯소리를 할 때도 같이 웃어 주세요. 가끔 어른도 아이가 된 기분으로 웃고 떠드는 것이 좋습니다. 남을 즐겁게 하고 스스로 기뻐할 줄 아는 능력은 부모에게서 전수받을 수는 있으나 학교에서는 배울 수 없습니다. 웃으면 복이 온다는 말도 있듯이 기쁨에 찬 웃음은 생명의 노래입니다. 웃음뿐 아니라 몸으로 기쁨을 표현할 수 있도록 아이들을 풀어 주세요.

창의적인 활동으로 기쁨과 만족을 맛보게 해 주세요.

일요일 저녁 아이들과 새로운 요리를 만들어 보기도 하고 노래를 지어 부르는 것도 좋습니다. 돌아가면서 이야기를 한 단락씩 지어 보는 것도 좋겠지요. 이와 같은 것은 누구도 흉내 낼 수 없고 누구도 똑같이 만들 수 없는 자신만의 작품이란 것을 말해 주세요. 아이들은 스스로 작품을 만들어 보면서 자기 존재가 특별하고 고유하다는 것에 큰 기쁨을 느낄 것입니다.

보람된 일에서 나오는 기쁨과 행복감을 알려 주세요.

자원 봉사를 하는 사람들 중 우울증에 걸린 사람은 없습니다. 그 일을 통해 얻는 기쁨과 보람이 마음에 행복감을 주기 때문입니다. 일찍부터 이런 일에 관심을 갖게 하면 아이들은 자연히 이해심과 배려를 익힐 수 있습니다. 어떤 형태로든 능력껏 남을 도울 수 있으므로 어리다고 생각지 말고 적극 권하기 바랍니다.

기쁨이 늘 우리 곁에 있다는 것을 알려 주세요.

'하늘이 무너져도 솟아날 구멍이 있다.'는 말이 있듯이 기쁨과 희망은 우리 인간에게 남겨진 영원한 마음의 유산입니다. 작은 일에서 기쁨을 찾아내고, 그것을 주위 사람들과 나누는 사람은 어떤 비바람에도 굽히지 않는 강인한 사람입니다. 웃는 얼굴만큼 상대를 무력하게 하는 것은 없으니까요. 아이들에게 기쁨이 늘 우리 곁에 있다는 것을 말해 주세요.

인성의 기초를 다지는 감정 교과서 ②
기쁨

1판 1쇄 발행 2015년 2월 11일
1판 2쇄 발행 2015년 10월 19일

글 채인선
그림 조은영
디자인 최남주

펴낸곳 한권의책
펴낸이 김남중
출판등록 제25100-2011-317호
주소 03968 서울시 마포구 성미산로 29-1 401호
전화 02)3144-0762 | **팩스** 02)3144-0763
전자우편 knamjung@hanmail.net

ⓒ 채인선, 조은영 2015
ISBN 979-11-85237-10-7 74190
ISBN 979-11-85237-09-1 74190(세트)

* 이 책의 글과 그림은 저작권법에 의하여 보호받는 저작물입니다.
* 이 도서의 국립중앙도서관 출판시도서목록(CIP)은 서지정보유통지원시스템 홈페이지(http://www.seoji.nl.go.kr)와 국가자료공동목록시스템(http://www.nl.go.kr/kolisnet)에서 이용하실 수 있습니다.(CIP제어번호:CIP2015002952)
* 잘못 만들어진 책은 구입하신 곳에서 바꾸어 드립니다.